DOCUMENTS INÉDITS SUR LE SIÈGE DE VILLEFRANCHE-DE-ROUERGUE PAR LES CROQUANTS

(1643)

SUIVIS DE

DEUX DOCUMENTS INÉDITS SUR LE PRIEUR DE PRADINAS

PUBLIÉS

Par Urbain CABROL

Ancien Directeur des Postes et Télégraphes du Département de l'Aveyron

RODEZ
IMPRIMERIE E. CARRÈRE
1907

DOCUMENTS INÉDITS

SUR LE

SIÈGE DE VILLEFRANCHE-DE-ROUERGUE

PAR LES CROQUANTS

(1643)

SUIVIS DE

DEUX DOCUMENTS INÉDITS SUR LE PRIEUR DE PRADINAS

PUBLIÉS

Par Urbain CABROL

Ancien Directeur des Postes et Télégraphes du Département
de l'Aveyron

RODEZ

IMPRIMERIE E. CARRÈRE

1907

AVANT-PROPOS

L'abbé Lafon, ancien aumônier du collège de Villefranche, possédait une certaine quantité de papiers émanant de Jean Cabrol, l'annaliste, et de son fils Etienne, son continuateur. Parmi ces papiers découverts dans le grenier de la maison Cabrol, située rue Droite (1) n° 13, et occupée alors par l'imprimerie Prosper Dufour, se trouvaient quelques lettres écrites par Jean Cabrol, demeuré à Villefranche pendant le soulèvement des croquants, à sa femme réfugiée à leur propriété de la Guizonie, paroisse de Marin, actuellement commune de Sainte-Croix.

Après les avoir lues, j'en demandais la com-

(1) **Actuellement rue de la République.**

munication afin de les copier ; mais l'abbé, à qui la mise à la retraite venait de donner des loisirs, me proposa d'en faire lui-même la copie, qu'il me remit en septembre 1878. Peu de temps après, tous ses papiers furent perdus dans l'incendie de sa maison paternelle.

Si le récit des événements a conservé dans la copie toute l'exactitude de l'original, il n'en est pas de même du style et de l'orthographe du XVIIe siècle, que l'abbé jugea à propos de rajeunir, afin de faciliter sa tâche de copiste. Même avec ce défaut, le récit n'en constitue pas moins, sur cette époque des plus troublées que Villefranche-de-Rouergue a traversée, des documents assez intéressants pour être tirés de l'oubli.

U. C.

DOCUMENTS INÉDITS

SUR LE

SIÈGE DE VILLEFRANCHE-DE-ROUERGUE PAR LES CROQUANTS

(1643)

Villefranche, 3 mai 1643. — Mademoiselle, je me hâte de vous envoyer le domestique André pour vous donner des nouvelles de ce qui s'est passé en ville et ce que j'ai vu de mes yeux. Vous savez que la mutinerie de la populace pour le rabais ou la suppression des tailles dure toujours. Hier cela s'est converti en un fait criminel. Dans l'après-midi, j'étais occupé à travailler lorsque tout à coup j'ai entendu un très grand bruit de foule. J'ouvre la fenêtre sur la rue Droite et je vois à vingt pas au-dessous de moi, à l'angle du coin qui conduit droit à la fontaine, un grand rassemblement d'hommes, de femmes et d'enfants poussant des cris autour d'un homme à la tête ensanglantée et les habits couverts de sang que l'on soulevait de terre pour mettre sur une chaise. On disait que le président Pomairol avait tué Lafourque, chef des mécontents pour la taille. Voici ce qui s'était passé. Lafourque, descendant la rue armé d'une épée et de deux pistolets à la ceinture, s'était croisé avec le président Pomairol qui allait du côté de la place. Lafourque, plein de confiance dans le succès de ce qu'il a entrepris pour faire baisser les impôts et se croyant soutenu par les villes et les campagnes environnantes, avait adressé en passant des paroles insolentes au président. Celui-ci, se sentant blessé dans son honneur par les paroles proférées publiquement contre lui par Lafourque, saisit vivement son épée et en porte un coup violent sur la tête de l'insolent. Lafourque s'écrie qu'il est mort, le sang coule sur sa figure, il s'évanouit.

Les partisans s'écrient que Lafourque, l'ami de l'abaissement des tailles et du peuple, a été tué par Pomairol et demandent vengeance. On le porte dans une maison voisine, chez le pâtissier Rivet. La place de la Fontaine, la rue du Masel et la rue Droite jusque devant chez nous sont remplies d'une foule furieuse qui demande la mort de Pomairol. Le président est rentré chez lui, on le tient assiégé dans sa maison, on le menace, on veut le prendre pour venger Lafourque. Quelques amis défendent la maison, les pères Cordeliers gardent la porte et par leurs prières arrêtent les plus violents qui veulent passer par la toiture de la maison pour s'emparer du président, d'autres se répandent dans la foule qu'ils cherchent à calmer. Que se passera-t-il d'ici à demain ?

Villefranche, le 4 mai 1643. — Pendant toute la nuit la population a été sur pied, on a hurlé dans la rue vengeance et mort. Cependant Jean de Pomairol a pu être délivré des mains de la populace par les autorités de la ville et ses amis dévoués, on est parvenu à le faire conduire en prison pour que justice soit faite sur lui par la loi du meurtre de Lafourque et non par la populace en fureur. La prison du Sénéchal est bien gardée. Les partisans de l'abaissement des tailles semblent un peu calmés par cet acte d'autorité. Les boutiques de la ville sont fermées, personne n'est devant la porte à causer sur son banc. Des bandes de furieux courent la Grand'rue et toute la ville ; ils se croient les maîtres de tout, menacent de mettre la ville à sac et au pillage ; chacun se ferme dans sa maison et se met en état de se défendre en cas d'attaque. Annette vous dira ce qu'elle a vu et entendu de notre maison. Si André peut venir à Villefranche avec la charrette, je lui ferai prendre, pour être placés en sûreté à Marin, les objets les plus précieux que nous avons ici et qui, en cas de pillage, pourraient être pris par la populace. Peut-être que Dieu aura pitié de nous et que tout se passera mieux que l'on ne pourrait l'espérer...

Villefranche, le 4 juin 1643. — Encore une nouvelle alerte des plus vives, des plus étonnantes. Villefranche ressemblait hier à une ville prise véritablement par les ennemis. Vers les 2 heures après-midi, près de 1200 hommes sont venus des villes voisines, commandés par Jean Petit, chirurgien, demeurant au fond du coin du Consulat, et Bras, dit Lapaille, cabaretier du faubourg Savignac, et sont entrés en ville avec tambours et trompettes ; ils sont allés se placer en rang de bataille au milieu de la place et ont mandé les autorités. De là ils se sont rendus chez M. de la Terrière, intendant de la Guienne, et l'ont forcé à signer l'abaissement des tailles, comme si un pareil acte pouvait avoir la moindre valeur aux yeux du Roi.

Petit et Lapaille sont maîtres absolus de la ville, ils ont pour eux le nombre et la force, ils peuvent piller ou tuer, rien ne saurait nous protéger contre leur fureur. On a envoyé plusieurs émissaires auprès du Roi et du Sénéchal, mais avant que des forces puissantes puissent venir nous protéger, la populace peut mettre tout à feu et à sang.

Villefranche, le 27 juillet 1643. — ... Enfin à force d'attendre dans des inquiétudes continuelles, le Sénéchal a fait hier son entrée à Villefranche. On avait loué tous les chevaux de la ville pour aller au devant de lui en cavalcade. Nous étions près de 200 hommes à cheval. Il est entré par la porte de Savignac qui avait été bien décorée à ses armes. Toute la population s'était portée au devant de lui pour le voir. Ses manières aimables et son air de distinction ont fait une agréable impression sur tous. Il semblait avoir gagné tous les cœurs amis et ennemis; tous criaient sur son passage : Vive le Roy, vive M. de Noailles !

Les séditieux même se déclarent pour le Roy et pour M. de Noailles. Comment cela finira-t-il ? L'intendant de la Terrière a signé un acte sans valeur, l'abaissement des tailles ne dépendant pas de lui, que fera le Sénéchal? que fera-t-il pour obéir à la populace ? Il faut une force non de raison, mais uniquement matérielle, et le Sénéchal ne l'a pas, il ne peut que promettre sans tenir, il ne résoudra pas la difficulté, il faut de toute nécessité que cela finisse ou par une catastrophe pour la ville, ou par un châtiment infligé aux révoltés par les armées du Roy...

Villefranche, 1er août 1643. — ... Une des grandes qualités du Sénéchal, c'est la prudence. Dès son arrivée, il a cherché à apaiser les troubles par la conciliation, il a voulu lui-même connaître les esprits, il a examiné les hommes de la ville et la population des environs ; dans ce but il a entrepris le voyage de Saint-Antonin. En son absence les mutins ont de nouveau levé la tête, on ne voyait dans les rues que des gens déguenillés portant épée et pistolet et montrant à chaque pas aux gens de bien une insolence à faire frémir. Averti de ce qui se passait, M. de Noailles est rentré de Saint-Antonin en passant par Najac. Nous avons formé une cavalcade de 160 hommes à cheval et nous avons été l'attendre près de Sanvensa, avec 400 hommes de tous les métiers et tous armés d'épées ou hallebardes.

Les Pères de la Doctrine chrétienne ont conduit au bas de la côte près de 600 élèves. Ce qu'il y a de touchant et ce qui sembla faire plaisir au Sénéchal, qui a souri, c'est que deux jeunes enfants parmi lesquels on avait choisi le plus jeune des fils de Desbruyères et notre petit Jean Bruno qui a lu au Sénéchal son petit compliment imperturbablement. M. de Noailles a demandé leur nom et les a conservés tous deux...

Mercredi, 22 septembre 1643. — ..... M. de Noailles n'ayant pas la force matérielle capable de faire céder les émeutiers voulut les décourager en faisant arrêter les principaux chefs : Petit, la Paille et Lafourque. Les deux premiers étaient dans la ville, on devait les prendre morts ou vifs. Deux anciens soldats, hommes de cœur et remplis d'adresse, s'étaient chargés de ne pas les perdre de vue, de leur tenir compagnie sous des prétextes d'amitié, de les flatter, et de les faire tomber dans une souricière où des hommes postés devaient les désarmer et les arrêter. Mayot s'est chargé de Petit qu'il parvint à conduire chez le Sénéchal sous prétexte qu'il désirait s'entendre avec lui pour calmer les séditieux. La vanité perdit Petit qui accepta, fut arrêté et conduit en prison. Lapaille fut arrêté aussi, mais il fut plus adroit; il soupçonna un piège et parvint à se débarrasser de celui qui se disait son ami en le faisant boire, il monta au galetas de la maison et de là sur le toit d'où il descendit dans une maison de la rue Moyenne-Savignac, (1) où il demeura caché pendant deux jours et fut enfin arrêté sur la dénonciation de sa sœur.

Lafourque, sorti de la ville, travaillait dans la campagne à augmenter le nombre des séditieux..... A la nouvelle de l'arrestation de leurs chefs, les croquants résolurent de tenter un coup de main contre la ville afin de les délivrer et s'emparèrent des montagnes de Penevaire, de Saint-Jean-d'Aigremont, de Macarou et de Fondiès. De son côté le Sénéchal fait occuper les tours, les portes et le clocher, il organise des guets de jour et de nuit; en même temps il demande des secours au dehors.. ..

23 septembre 1643. — ... Depuis hier les croquants gardent la porte, on ne peut plus sortir de la ville. Deux cents hommes armés nous ont été amenés par les seigneurs des environs, MM. de Campanhac, Raynaldy, de Colombiès, le comte de Caylus, de Cornusson, le chevalier Dubruel, etc. Ces messieurs ont tout bien ordonné dans la ville. Le guet est fait jour et nuit par tous les habitants à tour de rôle, un grand corps de garde est établi au clocher et sur la place. On a désarmé tous les hommes suspects de croquandage...

26 septembre 1643. — ... Il est convenu d'une trève, où on profite de part et d'autre pour se préparer au combat. Les demoiselles des meilleures familles, comme aussi les femmes, les filles et même les enfants, tout le monde travaille à se fortifier et se montre bien résolu à la défense...

27 septembre 1643. — ... Dimanche, la trève étant finie, on recommence à combattre, les croquants pillent le faubourg, boivant et mangent les provisions des habitants réfugiés dans la ville. Le pillage est leur but, tandis que dans la ville l'honneur de la défense anime tous les cœurs.

---

(1) Actuellement rue de Lorraine.

28 septembre 1643. — ... On dit en ville que Lafourque, qui courait la campagne pour amener des partisans à Villefranche, après s'être emparé du château de Garriguet, y a été fait prisonnier par Boussac qui lui a reproché de s'être mal conduit dans cette affaire. Dès le lendemain Lafourque s'est échappé...

29 septembre 1643. — ... On n'entend en ville que coups de mousquets et fauconnaux qui tirent de toutes les tours, le nombre des morts et des blessés doit être bien grand pour les insurgés...

30 septembre 1643. — ... Le secours que la ville attendait de M. l'intendant de La Terrière n'arrivent pas et les vivres pourront manquer en peu de jours. M. de Noailles, prévoyant de grands dommages pour la ville si on continuait le siège, cherche un arrangement avec les séditieux...

3 octobre 1643. — ... Le Sénéchal a fait dire à Boussac, Jouning, et Rousset qu'il leur sera laissé la vie sauve s'ils font lever le siège dans 3 heures. De plus, M. de Noailles a promis de demander l'abaissement des tailles, mais il exige qu'on lui livre Lafourque chef insurgé. Toutes ces propositions ont été acceptées et le siège a été levé le soir même à la joie des assiégés et des assiégeants.

3 octobre 1643. — Mademoiselle, je vous fais tenir par Jean ce que j'ai noté pour vous depuis que la ville était gardée par les séditieux ; vous voyez par la présente que notre vie est sauve, rien n'a souffert à la maison ; demeurez encore à la Guizonie pour attendre la fin de cette sédition. Le Sénéchal attend des renforts qui disperseront ce qui reste des insurgés, un grand nombre s'est déjà retiré...

4 octobre 1643. — ... Hier, j'étais pressé de vous envoyer Jean pour vous rassurer sur nous, c'est pourquoi je ne vous ai pas dit tout ce qui s'est passé. Les secours nous arrivent de tous côtés, au moment où on n'en a plus besoin ; les bandes d'insurgés continuent à se retirer, les unes du côté de Caylus et le plus grand nombre du côté du Ségala. Leur départ est pressé par l'arrivée dans nos murs depuis ce matin de M. de La Terrière qui est entré par la porte de Savignac avec 1 500 hommes à pied ou à cheval ; on les a logés dans les maisons de la ville J'ai pris à la maison deux cavaliers dont les chevaux ont été mis dans l'écurie du coin. Une heure après, M. de Tavannes est arrivé avec son régiment qu'on a surnommé « le régiment des Tard venus », on l'a logé aux Capucins et aux Cordeliers.

7 octobre 1643. — ... Les secours arrivent toujours et les croquants sont partis depuis longtemps. Hier 400 hommes venus de l'Auvergne sont entrés par la porte de Villeneuve ; nous serons obligés de loger nourrir et payer tous ces « tard venus » dont la conduite est la plus grossière et la plus insolente à notre égard ; ils agissent comme en pays conquis. Le Sénéchal leur a donné l'ordre de repartir, du moins après l'exécution des chefs Petit et Lapaille.

8 octobre 1643. — Mademoiselle, je viens d'assister à la pendaison de ces croquants, André y était aussi, il ne manquera pas de vous raconter ce qu'il a vu ; notre brave valet en est encore tout tremblant. Pensez qu'on avait dressé un grand échafaud placé entre le pilier du clocher et la maison de M. Gaillardy ; c'est d'une de ces fenêtres que j'ai assisté au supplice des ces séditieux. Quatre poteaux étaient dressés sur le derrière de l'échafaud et deux roues sur le devant. M. le Sénéchal craignait que les croquants de la ville ne lui enlèvent les prisonniers ; pour bien les garder il avait fait parcourir les rues par des soldats, pendant une partie de la nuit, et jusqu'après l'exécution. De plus un double rang de soldats partait de la cour de la Sénéchaussée et arrivait à la place en passant par la rue du Palais et la Grand'rue. (1) Petit et Lapaille avaient les mains et les pieds attachés, et les cheveux coupés ; ils étaient couverts d'une casaque rouge et assis l'un auprès de l'autre sur le devant de la charrette ; les autres croquants étaient derrière. Arrivés sur la place, on les a fait descendre devant la porte de l'église ; le Père cordelier qui les assistait leur a fait faire amende honorable à genoux et ayant chacun à la main une chandelle allumée. Ils ont été ensuite conduits à l'échafaud, sur lequel les bourreaux les

(1) La rue de la République.

ont aidés à monter. Arrivé le premier, Petit a demandé où il devait se placer, puis il a embrassé le cordelier, lui a demandé sa bénédiction et en même temps de prier pour lui. Lapaille en a fait autant, ils se sont placés sur la roue, où on les a rompus pendant qu'on pendait les 4 compagnons. Petit et Lapaille ont montré un grand courage. Il n'en a pas été de même des croquants qui pleuraient et criaient. L'un d'eux surtout, natif de Cajarc, répétait : « Que Dieu ait pitié de mes pauvres enfants ! » Troublé par ses cris et ses lamentations, le valet du bourreau chargé de le pendre agissait mollement. Le bourreau s'en apercevant lui a crié : « Ané Coumpelibat, despacho-te, tiro fort. » M. Lobinhes est allé demandé au bourreau si son valet s'appelait ainsi ; celui-ci lui ayant répondu que le nom de Compolibat était le nom du pays d'origine du valet, M. Lobinhes, outré de ce qu'un compatriote faisait ce métier, lui a signifié de le quitter, ou de ne plus reparaître à Compolibat, sans quoi il le ferait enfermer dans un cachot. Afin d'effrayer ce qui reste de croquants en ville, et dans les environs, le corps de Petit et de Lapaille doivent demeurer exposés sur la roue pendant 3 jours. Après ce délai la tête de Petit sera placée au haut de la porte du Pont et son corps sur la roue au bout de la côte de Macarou. La tête de Lapaille au haut de la porte de Saint-Jean et le corps sur la roue auprès des fourches de Saint-Jean-d'Aigremont.

Enfin, grâce à Dieu, cette sédition est apaisée, j'ai eu beaucoup de crainte que les croquants ne se dirigent du côté de la Guizonie ; heureusement il n'en a rien été. Puisque vous devez venir la semaine prochaine, vous pourrez encore voir la trace du siège que nous avons subi, le moulin de messieurs du Chapitre que les croquants ont brûlé, ainsi que d'autres maisons du faubourg Savignac, le couvent des Dames de Ste-Ursule (1) où ils s'étaient logés en grand nombre et où ils ont commis de grands dégâts, ainsi que le canon qu'ils avaient amené de Najac et qu'on a mis aux Cordeliers.... (2).

---

(1) La maison Cibiel occupe l'emplacement de l'ancien couvent des Ursulines.

(2) Le couvent de la Sainte-Famille occupe aujourd'hui les anciens bâtiments et l'enclos des Cordeliers.

Deux documents inédits sur le Prieur de Pradinas

LETTRE. — *A monsieur Duffau, cadet, négociant à Villefranche.*

Pradinas, 18 novembre 1769.

Monsieur,

J'ai reçu l'honneur de la vôtre en date du 28 octobre par laquelle vous me marqués que vous m'avés crédité de 15 livres pour fournitures cy devant faites ; et que pour l'envoi de deux livres de cire, dix livres chandelles de suif ou encens du 28 octobre, il doit vous revenir 8 livres 8 sols ; je vous dirai que cela m'a un peu surpris et je ne pensais pas vous devoir tant, car je croyais solder le dernier compte au moyen des 15 livres et payer ce que je prenais ; cela paraissait même asses vraissemblable par les comptes qui me restent en mains, a moins que je n'en eusse égaré quelquun, ce qui pourrait bien être arrivé quoy que j'ai accoutumé de les garder tous. C'est ce que je vous prie de revoir et de ne mettre jamais rien sur mon compte, que vous ne voyiés une lettre de ma part, pour prévenir des gens mal intentionnés qui pourraient bien venir chez vous a fausses enseignes, je vous envoye les trois derniers comptes qui peut-être vous donneront quelques éclaircissemens, faites-moi le plaisir de m'envoyer neuf à dix livres de bonne morue de Bordeaux ; ma sœur ou moi viendrons dans peu vous la payer, il me faudrait aussi quatre cierges d'un quart de cire jaune.

J'ai l'honneur d'être très profondément, Monsieur, votre très humble et très obéissant serviteur.

PEYROT, prieur.

* * *

Bail afferme par M. Peyrot, prieur de Pradinas.

L'an mil sept cens soixante-douze et le vingtième jour du mois de février, aprés-midy à Villefranche-de-Rouergue, régnant Louis par la grâce de Dieu, roy de France et de Navarre, par devant moy notaire royal et témoins bas nommés, a été en personne MM. Alexandre Peyrot Matheron, prêtre docteur en théologie et prieur-curé de Pradinas, y habitant, lequel de son bon gré à baillé et baille à titre de ferme au sieur Jean-Antoine Miquel négociant de la ville de Rieupeyroux icy présent, stipulant et acceptant tous les fruits décimaux et accoutumés du prieuré de Pradinas, et tels que les anciens fermiers en ont joui et en jouissent actuellement au même tittre, ensemble les rentes attachées au prieuré et le pred appelé del Selès et ce pour le tems et terme de neuf années complètes et révolues, et neuf récoltes prises et perçues, qui commenceront par celle de l'année mil sept cent soixante-quatorze et finiront après la perception de celle de mil sept cent quatre vingt-deux et ce moyennant le prix et somme de deux mille trois cent cinquante livres pour chacune des neuf années, deux charretées bled, seigle beau net et marchand mesure de Sauveterre, la moitié de l'avoine qui se recueillera dans le domaine, demy quintal laine et quinze charretées foin de onze quintaux chacune qui seront prises dudit pred qui seront engrangées aux frais et dépens du dit S. Miquel le tout aussi annuellement dans les saisons convenables, se réservant le dit sieur Prieur les droits de les dits échus et à échoir, la faculté de faire couper de l'herbe là où il bon luy semblera pour faire prendre le vert à ses chevaux et à celui de son vicaire depuis la fête de saint Michel seulement jusqu'aux fêtes de Roix de chaque année, ainsy qu'il est d'usage sans que le dit preneur puisse mettre dans le pred pour la dépaissance au-delà de quatorze bettes, sans qu'il puisse y faire depaître aucuns moutons, brebis ny cochons, est convenu encore que dit sieur preneur sera tenu d'entretenir les murailles qui font la clôture du dit pred dans le même état qu'il les recevra lors de son entrée en possession, se réservant le dit prieur de cultiver et faire cultiver les arbres qui sont dans et autour du pred, dont le produit lédera à son avantage, laquelle susdite somme de deux mille trois cent cinquante livres du prix du susdit ferme, le dit sieur preneur sera tenu de payer annuellement en quatre termes égaux, dont le premier a la my-carême de mil sept cent soixante-quatorze, foire à Rodez ; la seconde, à la fête de saint Pierre ; le troisième, à la fête de Notre-Dame de septembre, et le quatrième à la fête de saint André et aussy les années suivantes à la charge par le dit S. preneur de payer sur chaque part la portion de la pansion qui doit revenir au bienfaiteur du dit S. Prieur laquelle portion de pansion sera tenue au compte par le dit S. Prieur ou dit S. preneur sur la quittance qui lui en sera remise à Rodez par M. l'ancien Prieur, et enfin il en demeurere convenu qu'au cas les deux charettées de bled, seigle, ne seraient pas suffisans au dit S. Prieur, il sera libre à celuy-cy d'en prendre du dit ferme six setiers de plus à raison de six livres le setier sus dite mesure promettant le dit sieur Prieur de faire jouir paisiblement le dit sieur Miquel du présent ferme même de luy demeurer aux cas fortuits tels que le Seigneur Evêque de Rodez a convenu de demeurer à ses fermiers et pour l'observation de ce dessus le dit sieur Prieur a obligé tous et chacun ses biens présents et à venir et le dit sieur Miquel preneur les biens, le tout soumis aux rigueurs de justice fait et reçut en présence du sieur Jean Mouret, praticien, et de Jean Chasseing, garçon cadr, habitant du dit Villefranche signés avec toutes parties et moy, Jean-Joseph Trézières, notaire royal, Peyrot, prieur, curé de Pradinas, Miquel, Mouret, Chasseing, Trézières, notaire royal, signés à l'original. — Contrôlé à Villefranche, le 2 mars 1772. -- Reçu 35 livres deux sous. Vendrye.

Signé au dit original retourné par moy, notaire royal soussigné.

TRÉZIÈRES, notaire royal.

50907 Rodez, imprimerie E. Carrère

www.ingramcontent.com/pod-product-compliance
Ingram Content Group UK Ltd.
Pitfield, Milton Keynes, MK11 3LW, UK
UKHW021019220726
13924UKWH00001B/69